AF245753

NOTICE
NÉCROLOGIQUE

SUR

M. L'ABBÉ DÉHÉE

ANCIEN SOUS-PRINCIPAL DU COLLÈGE DE LILLE.

ARRAS,

ALPHONSE BRISSY, IMPRIMEUR DE L'ÉVÊCHÉ.

1867.

NOTICE

NÉCROLOGIQUE

SUR

M. L'ABBÉ DÉHÉE

ANCIEN SOUS-PRINCIPAL DU COLLÉGE DE LILLE.

ARRAS,

ALPHONSE BRISSY, IMPRIMEUR DE L'ÉVÊCHÉ.

1867.

NOTICE

NÉCROLOGIQUE.

M. l'abbé Déhée, l'un des ecclésiastiques les plus distingués du diocèse d'Arras, a rendu son âme à Dieu, le 26 février 1867, après avoir donné, dans sa dernière maladie, les exemples les plus touchants de foi et de sainte résignation : sa mort a été l'écho de sa vie. Nous nous attendions, de jour en jour, à voir paraître une notice sur cet excellent prêtre, dont il serait regrettable de laisser tomber dans l'oubli les éminentes vertus. Mais rien ne venant satisfaire notre pieuse attente, nous nous sommes décidé, nous, l'un de ses condisciples, malgré notre insuffisance, à raconter ce que nous avons vu d'édifiant dans la conduite de ce saint ami, et à redire tout ce que d'autres ont bien voulu nous apprendre, sur certaines époques de son existence, que nous ne connaissions pas.

M. Jean-Adrien Déhée est né le 6 mars 1796, à Gomicourt, commune du canton de Croisilles, de parents cultivateurs, éminemment chrétiens, qui inspirèrent à leurs enfants les principes religieux dont ils étaient imbus eux-mêmes. C'est assurément un grand bonheur d'appartenir à des parents fidèles, soigneux de bien élever leur famille ; mais à cette époque, c'était un avantage incomparablement plus grand encore, eu égard aux tristes circonstances du temps. On était à peine sorti de cette phase à jamais lamentable de notre histoire, qu'on appelle la terreur : les prêtres catholiques, toujours émigrés, n'étaient point là pour suppléer à ce qui aurait pu manquer, du côté de la famille, dans l'éducation chrétienne de l'enfance. Il n'y en avait que quelques-uns, cachés dans le pays, qui administraient çà et là en secret, les sacrements. C'est de l'un de ces prêtres fugitifs, traqués par la police, que le nouveau-né reçut le sacrement de baptême (1). Le jeune Déhée n'eut presque rien à regretter de l'absence des ministres de notre sainte religion ; il trouva au foyer domestique avec des exemples de piété une pleine et entière connaissance de tout ce qui intéresse la vie chrétienne. Cette éducation première, la plus importante de toutes

(1) M. Déhée fut baptisé par M. Augustin-Joseph Bodelot, arrière grand oncle de M. Bodelot, curé actuel de Mareuil, C'était un religieux de la maison des grands Carmes d'Arras (aujourd'hui les Ursulines) presque toujours en mission, avant la révolution de 93, surtout dans les environs de Courcelles-le-Comte, Puisieux et autres lieux. Il reçut bien souvent l'hospitalité à Baillescourt au temps de la terreur. Il n'émigra point ; mais il exerça le saint ministère en cachette, à Tilloy, près Bapaume, où il se tenait habituellement chez son frère, dans le plus strict *incognito*. De là il rayonnait autour de Bapaume pour donner le baptême, confesser, marier, administrer les mourants. Malgré les précautions infinies qu'il était obligé de prendre pour échapper aux mains de la police, il fut saisi et jeté dans les prisons de Bapaume, où il se trouva avec la vénérable Mlle Deflandre, à laquelle il dut la conservation de sa vie. Après la révolution, M. Bodelot, fut nommé curé de Ligny-Tilloy, où il exerça le saint ministère, jusqu'en 1821, époque de sa mort arrivée, le 6 avril, à l'âge de 65 ans.

et que rien ne peut remplacer, prépara le jeune
Déhée à paraître avec moins de danger dans les éta-
blissements universitaires. Arrivé à l'âge de l'adoles-
cence, et après avoir fait sa première communion avec
une ferveur qui faisait présager ce qu'il serait un
jour, il quitta ses parents qui, pour lors habitaient
le village d'Achiet-le-Petit, et vint suivre les cours
d'humanités au collége d'Arras. Par ses succès, sa
conduite exemplaire, il se concilia l'estime de ses
maîtres et l'affection de ses condisciples. Voici un fait
qui le releva encore davantage dans l'opinion des uns
et des autres. L'autorité supérieure venait de nommer
un nouvel administrateur du collége : c'était un jeune
avocat, plein de talent, M. Monel. Le Principal,
M. Bonnier, suggéra aux élèves la pensée d'aller le
complimenter. Une députation se forma à l'instant,
et l'élève Déhée en fit partie. On se rendit chez le
nouvel administrateur qui répondit, avec tant de char-
mes au discours du complimenteur, que celuici oublia
l'objet important de sa mission, la demande d'un
congé. A peine sortis, tous s'aperçurent de cette grave
omission ; on ne savait comment la réparer. Que
dira-t-on au collége ? Que diront les élèves et les
professeurs eux-mêmes qui, soit dit en passant, ne
dédaignent pas les douceurs d'un congé ?

Le jeune Déhée rassura ses compagnons et leur
dit : Il y a un moyen de réparer la faute ; je m'en
charge ; mais allons de suite rendre compte de notre
mission à M. le Principal. Arrivés dans l'appartement
de M. Bonnier ; ils racontent l'accueil gracieux que
leur a fait M. Monel, et tout aussitôt M. le Principal
leur demande : Vous avez sans doute obtenu un
congé ? Non, reprend le jeune Déhée, comme nous
n'avions pas eu l'attention, avant de partir, de vous de-

mander qu'elles étaient vos intentions à cet égard, nous n'avons pas osé en faire la demande sans votre agrément. Oh ! mes amis, dit M. Bonnier, je vous fais compliment de votre bon esprit, vous n'y perdrez rien : Restez, dit-il à M. Déhée, je vais vous donner une lettre pour M. Monel, dans laquelle je lui parlerai de votre délicatesse en me faisant votre interprète pour l'obtention d'un congé dont vous êtes si dignes. C'est précisément ce sur quoi il comptait.

Notre collégien partit aussitôt avec la lettre de M. le Principal, et revint beaucoup plus vite qu'il n'était allé, muni d'un congé en bonne et due forme. Ce succès lui valut une plus belle place encore dans l'affection de ses condisciples. Il s'en était déjà rendu digne à bien d'autres titres. Son passage au collége d'Arras n'a laissé dans cet établissement que les plus honorables souvenirs ; application constante, conduite parfaite, succès remarquables, respect pour ses professeurs, déférence envers ses condisciples. Telle a été sa vie de collége. Après avoir terminé ses humanités à Arras, M. Déhée se présenta au lycée de Douai, pour y suivre le cours de philosophie, et l'année suivante il s'appliqua à l'étude des sciences au Lycée d'Amiens. Personne ne s'étonnera qu'après des études aussi solides, M. Déhée ait obtenu le diplôme de bachelier ès-lettres.

N'étant pas bien assuré de sa vocation à l'état ecclésiastique, il retarda son entrée au séminaire de quelque temps ; et ce ne fut qu'après les plus mûres réflexions et les plus sérieuses épreuves qu'il se décida à franchir les barrières du sanctuaire, dans les derniers jours du mois d'octobre 1818.

Comment s'est-il montré dans cet asile de la science et de la piété ? Si l'on interroge ses maîtres qui exis-

tent encore ou ses anciens condisciples : tous se font
un plaisir de répondre que c'était un modèle d'application à l'étude et de vertus ; et pour preuve de ses
succès, nous rappellerons qu'il remporta le premier
prix de théologie : aussi monseigneur de la Tour
d'Auvergne, le jugea-t-il digne d'être mis à la tête
du Petit Séminaire, qu'il venait de créer à Arras,
avant même de l'avoir ordonné prêtre. Les fatigues
qu'impose nécessairement une institution de ce genre,
surtout à son début, ne permirent pas à M. l'abbé Déhée
de garder les pénibles fonctions de directeur du
Petit Séminaire. Ordonné prêtre *extra temporà* le
dimanche 29 juillet 1821, il fut nommé curé de Couin,
paroisse du doyenné de Pas, où il exerça avec succès
le saint ministère, jusqu'au mois d'octobre 1824, don-
nant encore ses soins à deux paroisses voisines, Au-
thie et Saint-Léger, pour les quelles Mgr d'Amiens
lui avait donné des pouvoirs. C'est ainsi que dès son
début dans la carrière pastorale, M. l'abbé Déhée,
sans courir témérairement après la besogne, savait
l'accepter avec courage, toutes les fois que la divine
Providence lui imposait un surcroit de travail. Telle
est la ligne de conduite qu'il ne cessera de suivre partout où la main de Dieu le conduira. Pendant son séjour à Couin, M. l'abbé Déhée, qui conservait toujours
un attrait tout particulier pour l'éducation de la jeunesse, ne put s'empêcher d'y donner un libre cours.
Il admit dans son presbytère quelques enfants de
bonnes et religieuses familles du pays, auxquels il
voulut bien enseigner les premiers principes de la religion et des connaissances humaines. Nous rappelons
à dessein cet éminent service, parce que son omission
dans cette notice serait bien certainement, pour les
personnes et les familles qui l'ont reçu, le sujet du

plus vif regret, si elles venaient à apprendre qu'il n'en est pas fait mention dans ces quelques lignes consacrées à la mémoire du prêtre vénéré qui leur a fait tant de bien.

Le mérite incontestable de M. l'abbé Déhée ne lui permettra pas de séjourner de longues années dans une paroisse de campagne ; ses supérieurs ne le perdent pas de vue. Le professeur de seconde au collége de Saint-Omer, M. l'abbé Rollet, se trouvant dans la nécessité de demander sa retraite, Mgr de la Tour d'Auvergne, qui portait à cet établissement un grand intérêt, surtout depuis qu'il était dirigé par M. l'abbé Joyez, fit proposer la chaire vacante à M. le curé de Couin. Ce fut M. l'abbé Herbet, vicaire-général, que le prélat chargea de cette affaire : elle ne pouvait manquer d'arriver à bonne fin entre les mains d'un aussi habile négociateur. Du reste, M. l'abbé Déhée, qui avait toujours conservé du goût et de l'aptitude pour l'enseignement, se laissa facilement persuader, et quitta, au mois d'octobre 1824, non sans quelque regret, sa chère paroisse de Couin, où il s'était fait aimer, par le bien qu'il y avait opéré. Les bonnes familles des environs, dont il avait instruit les enfants, apprirent son départ avec autant de douleur que ses paroissiens. Toutes fois, dès que son sacrifice fut consommé, il entra avec une sorte de satisfaction dans l'Université qui, à cette époque, comptait dans son sein un bon nombre d'hommes extrêmement recommandables. A Saint-Omer, comme partout ailleurs, cet excellent prêtre qui cherchait à faire le plus de bien possible aux dépens de ses aises et de sa tranquillité, consacra aux fonctions du saint ministère tout le temps que ne réclamaient pas le soin de ses élèves, la préparation de sa classe et la correction des devoirs. Quelques pensionnats de la ville eurent le bonheur d'être placés sous sa direction spirituelle, durant le séjour qu'il fit au collége. Malheureusement ce séjour fut de trop courte durée. Après deux ans d'exercice, M. l'abbé Déhée dut quitter cet établissement, où son départ causa bien plus de douleur que son arrivée y avait causé de joie.

M. l'abbé Poiret, professeur de philosophie, nommé principal du collége de Lille, voulant avoir pour collaborateur son ami, M. l'abbé Déhée, en fit la demande à MM. les administrateurs de cette maison. La proposition était trop avantageuse pour n'être pas favorablement accueillie. Ils sollicitèrent vivement auprès de M. le Recteur de l'Académie de Douai, la nomination de M. Déhée aux fonctions de sous-principal et d'aumônier, ce qu'ils obtinrent sans difficulté. M. Déhée quitta son diocèse d'origine, au grand déplaisir de son évêque qui, tout en lui accordant son *exeat*, ne put s'empêcher de lui exprimer sa peine de le perdre. Toutefois pour adoucir ce qu'il y avait peut-être d'un peu amer dans l'expression, Mgr de la Tour d'Auvergne eut la bonté d'ajouter ces quelques mots bienveillants : « Je vous recevrai avec un grand plaisir, si vous me revenez, vous connaissez l'estime et l'intérêt que je vous porte »

MM. Poiret et Déhée quittèrent donc le collége de Saint-Omer et entrèrent simultanément en fonction dans celui de Lille, en novembre 1826. Les deux années que ce dernier passa au collége de Lille ne furent pas stériles. Il y fit beaucoup de bien par sa surveillance toujours active, par ses bons conseils et son habile direction. Mais il quitta trop tôt cet établissement et le corps universitaire qui s'honorait de le compter parmi ses membres, comme il s'honorait lui-même d'en faire partie. Qu'on nous permette d'entrer dans quelques détails sur cette retraite, qui eut, dans le pays, un certain retentissement. Le motif en fut un peu extraordinaire et diversement apprécié.

On se rappelle les fameuses, ou plutôt les malheureuses ordonnances du 16 juin 1828, qui furent le prélude de la chute de Charles X et la cause de la mort prématurée de l'évêqne de Beauvais, M. Feutrier, ministre des affaires ecclésiastiques (1).

Elles avaient pour but et elles eurent pour effet la suppression des huit maisons d'éducation tenues en France par les jésuites, à Aix, Billom, Bordeaux, Dôle, Forcalquier, Montmorillon, Saint-Acheul, et Saint-Anne-d'Auray. Pour mieux comprendre les raisons qui obligèrent M. l'abbé Déhée à quitter le corps universitaire, à l'occasion de ces ordonnances, il faut se rappeler la perfidie, la méchanceté, les moyens iniques avec lesquels la presse, je ne dirai pas libérale, mais révolutionnaire, battit en brèche la compagnie de Jésus, que la confiance des évêques avait placée à la tête des huit maisons que nous venons de citer, et qui avaient obtenu celle des plus recommandables familles du royaume.

Les succès obtenus par ces institutions inquiétèrent beaucoup les ennemis de l'autel et du trône. Leur destruction fut résolue. Pour y parvenir, rien ne fut ménagé. Toutes les forces de la révolution se mirent à l'œuvre, et le Gouvernement, au lieu de présenter aux Chambres un projet de loi qui assurât aux reli-

---

(1) Ce prélat, dont le nom était attaché aux déplorables ordonnances du 16 juin, dépérissait depuis plusieurs mois sans qu'aucun secours de l'art put lui procurer quelque adoucissement. Il mourut subitement pendant la nuit du 27 juin 1830, à l'âge de 45 ans.

gieux de la compagnie de Jésus, le droit de se former et de vivre en corporation, projet qui ne pouvait manquer d'être favorablement accueilli, le Gouvernement, dis-je, laissa la question s'égarer, se compromettre et s'embrouiller toujours davantage. Cependant le 20 janvier 1828, une commission fut nommée pour faire une enquête sur les écoles ecclésiastiques. Elle se composait de MM. de Quélen, archevêque de Paris, Feutrier, évêque de Beauvais, Lainé, Mounier, Séguier, de la Bourdonnaie, Dupin, Alexis de Noailles et Courville, membre du conseil de l'Université.

La minorité discuta l'existence des jésuites. La majorité, plus constitutionnelle, ne vit que ce que la loi l'autorisait à voir. Le libéralisme de cette époque y avait quatre représentants; ceux-ci persuadés, jusqu'à la dernière séance, que leurs coups contre les jésuites étaient assurés, se montrèrent faciles et coulants sur les points secondaires soumis à leur étude.

Mais quand la majorité eut décidé carrément et avec énergie, qu'il n'est permis à personne de scruter le for intérieur de chacun, pour rechercher les motifs de sa conduite religieuse, des règles et des pratiques auxquelles il lui plaît de se soumettre, du moment que ces pratiques et cette conduite ne se manifestent par aucun signe extérieur contraire aux lois, qu'autrement ce serait se permettre une inquisition et une persécution que nos institutions réprouvent; qu'en conséquence la qualité de prêtre vivant selon la règle de saint Ignace, de saint Benoît ou de saint Bernard ne fait point obstacle à ce que les évêques puissent les choisir, sous leur responsabilité, pour enseigner et être employés dans leurs petits séminaires, quand dis-je, le résultat des discussions et délibérations se présenta, dans ces termes, à la signature, les dissidents devinrent furieux. La commission dut clore ses séances au milieu des menaces et des protestations de la minorité. Lorsque cette décision parvint à la connaissance du public, les catholiques reprirent courage et crurent que le Gouvernement avait enfin trouvé un terrain solide où poser le pied et prendre une mesure légale propre à calmer l'orage et à donner satisfaction. Vain espoir ! Le trop faible Charles X trouva deux ministres complaisants, dont l'un, M. Portalis, se chargea de sacrifier les jésuites, l'autre, l'évêque de Beauvais, M. Feutrier, consentit à immoler l'enseignement clérical. Dans une première ordonnance, M. Portalis proscrit les jésuites ; dans la seconde, l'évêque de Beauvais réduit à 20,000 le nombre des élèves ecclésiastiques et déclare qu'on ne pourra pas admettre d'externes dans les petits séminaires, et qu'après deux ans, les élèves devront prendre la soutane. En échange de la liberté, que les lois bien comprises et bien interprétées ne refusaient pas, on promet d'enlever chaque année aux chambres, 1,200,000 fr. pour subvenir aux besoins de l'éducation restreinte, amoindrie, liée, garotée. Qui pourrait le croire, si on n'avait été témoin de pareilles indignités ?

A la lecture de ces fatales ordonnances, la stupeur des catholiques égala à peine la joie des prétendus libéraux. Les uns frémissaient d'indignation, les autres éclataient en transports d'allégresse (1).

M. Déhée se trouva du nombre des premiers ; et quand on vint lui demander d'adhérer à l'article 2ᵉ de l'une de ces ordonnances, portant que nul ne pourra

(1) Hist. de la Comp. de Jésus par Crétineau-Joly, 2, VI, p. 184.

être chargé de la direction de l'enseignement dans les écoles secondaires ecclésiastiques, ou dans les colléges, s'il n'a affirmé qu'il n'appartient à aucune congrégation religieuse, non autorisée par l'Etat, son âme honnête se révolta, et rien ne put l'amener à souscrire une pareille formule.

Voici de quelle manière il crut pouvoir répondre à la demande qui lui en était faite :

« Ne pouvant faire l'affirmation exigée par l'article 2ᵉ de l'ordonnance du 16 juin 1828, sans blesser ma conscience, je fais les déclarations suivantes pour expliquer mon refus :

» 1° Je ne saurais me glorifier du titre de jésuite parce que je ne suis point membre de la société connue sous le nom de *société* ou *compagnie de Jésus*, mais je partage les sentiments de la France religieuse qui regarde la proscription de cette pieuse et savante société comme une plaie faite à la religion, et qui regrette qu'on n'ait pas découvert les moyens de concilier l'ordre légal avec son existence.

» 2° Je n'appartiens à aucune congrégation immorale ou sacrilége ou anarchiste. Je suis de la congrégation de la Très-Sainte Vierge, protectrice de la France, laquelle congrégation me paraît mériter les encouragements d'un Gouvernement sage et réparateur, puisqu'elle vient à son secours, soit pour adoucir le sort des infortunés dans les hopitaux, dans les prisons et les cachots, soit pour suppléer à l'éducation des enfants délaissés sans asile, soit pour prémunir la jeunesse contre les dangers qui l'environnent de toutes parts, surtout dans les grandes villes.

» 3° Je suis français, je suis chrétien, je suis prêtre

avec l'aide de Dieu, plutôt le sacrifice de la vie que de deshonorer aucun de ces titres.

» Fait à Lille le 6 octobre 1828.

> » Signé : *L'abbé* DÉHÉE, *Sous-Principal et aumônier au collége de Lille, ancien élève des colléges royaux d'Amiens et de Douai.* »

Cette déclaration, adressée à M. le Recteur de l'Académie de Douai, inspira à ce haut fonctionnaire la lettre la plus bienveillante, par laquelle il supplie l'excellent Sous-Principal du collége de Lille de déclarer purement et simplement qu'il n'appartient à aucun corps religieux. « *Réfléchissez de nouveau,* lui dit-il,... *Répondez-moi de suite, et si vos intentions sont telles que je le désire, je vous renverrai votre écrit pour être échangé contre une déclaration plus convenable.*

» Douai, 10 octobre 1828. »

M. l'abbé Déhée répondit le 13 à M. le Recteur la lettre que voici :

« Monsieur le Recteur,

» Je réponds confidentiellement à la lettre obligeante que vous m'avez fait l'honneur de m'écrire. Je suis vivement touché de l'intérêt que vous me portez. Le ton de bonté avec lequel vous m'adressez vos avis me fait éprouver un sentiment de reconnaissance qu'il me serait difficile de vous rendre. Je m'efforcerai de vous en donner des preuves en redoublant d'efforts pour remplir avec la plus grande exactitude tous les devoirs de ma place. Vous désirez sincèrement que je demeure dans l'Université ; je ne le désire pas moins que vous, Monsieur le Recteur, c'est par inclination que j'ai embrassé la carrière de l'enseignement, il serait fâcheux pour moi d'en être exclu. C'est pour tâcher d'éviter cette peine que, dans mon explication, j'ai fait ce que j'ai pu pour remplir les intentions du législateur, et satisfaire en même temps à ma conscience......

» Je sais, Monsieur le Recteur, qu'un grand nombre de mes honorables collègues ont vu les choses autrement que moi, je suis très-éloigné de les condamner. Il s'agissait ici d'une affaire de conscience, tout me porte à croire qu'ils ont comme moi suivi son inspiration, c'est à mes yeux l'autorité la plus importante.

» Agréez, je vous prie, Monsieur le Recteur, les sentiments de la vive reconnaissance avec laquelle j'ai l'honneur d'être, etc.

> » Signé : *L'abbé* DÉHÉE, *Sous-Principal.* »

Une telle réponse n'était pas de nature à satisfaire le dépositaire de l'autorité. La déclaration de M. Déhée, placée sous les yeux du ministre, amena, comme il fallait bien s'y attendre, sa destitution. M. le Recteur lui en fit la notification, ce qui donna lieu à M. l'abbé Déhée de lui adresser la lettre suivante pour justifier sa conduite. Elle est un peu longue, mais elle nous fera mieux connaître les sentiments qui animaient son estimable auteur.

> « Lille, 1ᵉʳ novembre 1828.

> » Monsieur le Recteur,

» J'obéis avec toute la résignation possible à l'ordre qui m'a été intimé de cesser mes fonctions de Sous-Principal et d'aumônier au collége de Lille.

» Mais qu'il me soit permis de vous faire ici quelques réflexions. C'est par conscience que je n'ai pas fait purement et simplement l'affirmation prescrite par l'article 2 de l'ordonnance du 16 juin 1828. Que ma conscience ait été ou non dans l'erreur, je devais la suivre pour ne pas me rendre coupable d'une indigne faiblesse. Je subis donc une peine et une peine très-grave pour n'avoir pas fait ce qui devenait à mes yeux un acte d'ignominie.

» N'ayant pu faire une affirmation pure et simple, j'ai montré ma conscience à nu aux dépositaires du pouvoir. Il y a chez tous les français, me suis-je dit, un sentiment généreux qui force à rendre hommage à tout ce qui porte l'empreinte de la franchise et de la vérité. J'ai espéré que ce sentiment si national et qui vit au fond de tous les cœurs, accueillerait une déclaration franche et sincère, dans laquelle je tâchais de remplir, autant que possible, les intentions du législateur. On pouvait juger que je n'appartenais réellement à aucune congrégation, où il y a vœux ou vie commune ; si cela eut été, je l'aurais déclaré sans rougir.

» J'ai usé d'un droit commun à tous les français pour publier ma déclaration. Je l'ai publiée pour donner au ministre l'occasion de prouver à la France que l'article 2 des ordonnances, n'atteint point la congrégation de la Très-Sainte Vierge, qui n'est peut-être, au fond, qu'une véritable confrérie, puisqu'il n'y a dans cette congrégation ni vœux, ni vie commune. Je l'ai publiée aussi pour prouver moi-même au public que je n'affirmais rien ni contre la vérité, ni contre le respect que je dois à la religion.

» Son Excellence le Ministre de l'Instruction publique ne peut se dissimuler qu'un grand nombre de fonctionnaires respectables de l'Université ont cru voir dans l'affirmation une tendance à déconsidérer dans l'opinion publique les congrégations religieuses. Qu'ils aient raison ou qu'ils ne l'aient pas, j'ai dit : Si l'affirmation n'a point cette tendance, peut-on me blâmer de la respecter publiquement ; si elle a cette tendance, il m'appartient comme prêtre de leur rendre un témoignage public, lorsqu'elles sont publiquement avilies.

» J'ai l'honneur de vous adresser ces observations franches et sincères pour vous prier, Monsieur le Recteur, de les communiquer à Son Excellence le Ministre de l'Instruction publique. C'est lui que je choisis pour juge, quand même il me serait permis de réclamer la décision du Conseil Royal de l'Instruction publique.

» J'ose espérer de votre bonté que vous voudrez bien solliciter une réponse de sa part ; je l'attends avec impatience.

» Agréez, etc.

» Signé : L'abbé DÉHÉE. »

Si la conduite de M. l'abbé Déhée fut critiquée et taxée d'exagération par les hommes prudents de l'époque, comme il y en a toujours, elle fut approuvée et appréciée, comme elle méritait de l'être, par ceux à l'estime desquels il devait tenir davantage, ce qui fut pour lui le sujet d'une bien douce consolation dans sa disgrâce.

Sa déclaration ayant paru dans les journaux, un vénérable vétéran du sacerdoce, un confesseur de la foi, un condamné à mort, un échappé des cachots de la Révolution, qui l'avait lue dans les journaux, lui écrivit en ces termes :

« J'ai heureusement trouvé dans la *Quotidienne* votre profession de foi ; j'en ai été pénétré et vivement attendri ; mes yeux justement mouillés de larmes ne me permirent plus de vous lire : bientôt après je repris ma lecture en applaudissant à d'aussi généreux sentiments et rendant grâces à Dieu.

» Agréez, s'il vous plaît, les félicitations d'un pauvre curé de campagne qui partage bien volontiers vos sentiments. »

Après sa destitution, M. l'abbé Déhée alla, dans le cours du mois de décembre, faire une retraite au séminaire de Saint-Sulpice, pour se disposer à entrer dans la voie nouvelle que la divine providence voudrait bien ouvrir devant lui.

Dieu qui n'abandonne jamais ceux qui sacrifient leurs plus chers intérêts plutôt que de marcher sur leur conscience, ne mit pas la confiance de son serviteur à une trop longue épreuve. M. Van der Cruisse de Waziers, l'un des hommes les plus honorables de la ville de Lille, où les bonnes et nobles familles sont encore si nombreuses, lui écrivit une lettre singulièrement flatteuse par laquelle il l'invite à venir le trouver à son hôtel. « La conduite généreuse, lui dit-il, qui
« vient de vous rendre victime d'une injuste persécu-
« tion, augmente beaucoup à mes yeux l'estime qui
« vous est justement acquise à Lille auprès des gens
« de bien. »

M. Van der Cruisse appelait le sous principal destitué pour lui donner la plus grande marque d'estime et de confiance qu'un père de famille puisse témoigner à quelqu'un ; il voulait lui proposer l'éducation de son fils.

Une proposition si honorable, si avantageuse, sous tous les rapports, et tout à fait providentielle, ne pouvait être refusée. M. l'abbé Déhée l'accepta, et il passa sept années consécutives au sein de cette noble et excellente famille, dont il conserva toujours l'affection et l'estime. Les soins de son élève ne l'empêchèrent pas de se livrer à ses études de prédilection, l'écriture sainte, la théologie ; d'utiliser son saint ministère et de rendre quelques services aux paroisses, soit dans les catéchismes, soit dans la chaire de vérité. M. l'abbé Déhée, imbu de cette vérité : qu'on n'est pas prêtre pour soi, trouvait toujours du temps pour travailler à la gloire de Dieu et au salut des âmes.

La révolution de juillet qui le trouva au milieu de ces saintes et paisibles occupations, lui donna l'occasion de montrer un talent qu'il n'avait pas encore fait paraître, son talent d'écrivain.

Aussitôt après les *glorieuses journées*, les esprits forts de la ville de Lille, voulurent rejeter de leurs murs, les frères des écoles chrétiennes, pour donner la préférence à une autre méthode d'enseignement. Aussitôt M. l'abbé Déhée prit la plume, de concert avec M. Koll-Bernard, et publia une justification des frères qu'il dédia aux 4,203 signataires d'une pétition adressée au conseil municipal de Lille, en faveur de la liberté d'enseignement et de ces respectables instituteurs de l'enfance. Cet écrit a pour épigraphe ces paroles de D'Alembert : *Quand les jeunes gens n'ont pas de religion, ils envoient bientôt la morale à tous les diables.* C'est un petit chef-d'œuvre, riche des citations les plus heureuses. En voici une du célèbre Fourcroy, chef de l'instruction publique sous Napoléon Ier. « Les frères des écoles chrétiennes sont les *seuls instituteurs* capables de régénérer les mœurs corrompues par la révolution, et, si nous ne nous pressons pas de les rappeler, *c'en est fait de la religion en France...* »

Je passe à regret sous silence celle de M. le baron Pasquier, Président de la chambre des Pairs, pour ne plus mentionner que les paroles d'un homme grave, M. de Fontanes, grand maître de l'Université sous l'empire : « Les frères des écoles chrétiennes, dit-il, ont deux grands torts pour ce siècle : ils ne viennent pas de loin et font peu de bruit. »

Nous serions bien tenté d'adresser un exemplaire de ce petit ouvrage à un très-honnête homme haut placé. Il regretterait sans doute, après en avoir pris lecture, d'avoir dit étourdiment dansu ne circonstance solennelle, qu'il suffit de quelques aunes de drap noir pour faire un frère. Quelle imprudente parole ! Comment, après cela, les écoliers pourront-ils encore avoir le moindre respect pour leurs maîtres, quand ils sauront que du haut de la tribune on a dit qu'ils ne sont que des espèces de porte-manteaux.

A côté de cet écrit tout à fait remarquable, vient s'en placer un autre attribué à la même collaboration, sous le titre de *Réponse au rapport de la commission permanente d'instruction primaire de la ville de Lille.* Dans celui-ci l'auteur s'élève parfois à des considérations philosophiques du plus haut intérêt. Nous choisissons, entre plusieurs, le passage suivant relatif au reproche que la commission faisait aux frères de recevoir dans leurs écoles des enfants non aumônés.

« Et d'abord, quant aux élèves non aumônés, si c'est un abus de les recevoir, pourquoi les écoles d'enseignement mutuel débutent-elles par cet abus ?

Disons mieux, c'est que cet abus n'en est pas un, parce que ces élèves ne sont pas reçus au détriment des élèves pauvres. Et d'ailleurs quels sont ces enfants non aumônés ? A qui appartiennent-ils, si ce n'est à des parents qui n'échappent à la mendicité et au triste privilége de l'aumône communale, que par des sacrifices et des privations portées, le plus souvent, aux dernières limites du courage et de la dignité humaine ? A des parents, qui ne sont séparés de la misère la plus profonde que par leur esprit d'ordre et d'économie, par leur activité et leur ardeur pour le travail, et pour qui leurs vertus deviendraient une punition, si leurs enfants ne pouvaient participer gratuitement aux bienfaits d'une instruction qui ne pourrait leur être donnée qu'à prix d'argent. Non, non, il ne faut pas ainsi escompter les sueurs et les veilles des pères de famille, et on doit se souvenir que si le premier devoir est de soulager la misère, le second est de ne pas tarir les ressources qui la font éviter.

» Enfin quel grave inconvénient y aurait-il donc à ce qu'au nombre de ces enfants non aumônés, il y en eut effectivement quelques-uns dont les parents fussent tout à fait au-dessus du besoin ? Ne serait-ce pas au contraire un acte de haute philosophie que de les rapprocher ainsi de la classe indigente, pour donner à celle-ci un sentiment plus vif de sa dignité ; et le mélange ne serait-il pas plus humain, plus noble, que de parquer en quelque sorte les enfants pauvres, comme des lépreux qu'il faut éloigner de tout contact avec leurs semblables ? »

Nous voici arrivés à l'année 1838 : certes M. l'abbé Déhée a bien employé son temps. Malgré les persécutions intentées aux Frères des Écoles chrétiennes, malgré le retrait de tout traitement qu'on leur a fait subir, ces pieux instituteurs de l'enfance sont restés à Lille soutenus par la charité des bons Catholiques de cette ville. Ils n'ont jamais cessé de répandre dans cette cité populeuse leurs salutaires enseignements, grâce à l'éloquente défense de M. l'abbé Déhée et de son digne collaborateur qui soutient actuellement avec tant de gloire, sur un théâtre plus élevé, les intérêts de l'Église et les principes conservateurs de la société.

Maintenant M. l'abbé Déhée va s'occuper de l'œuvre du Bon-Pasteur, fondée en 1822, rue de la Piquerie, transférée plus tard rue Princesse, et enfin fixée définitivement rue de la Préfecture. Quel est l'auteur de cet établissement éminemment moral et religieux ? C'est la grande et universelle bienfaitrice de Lille, Mlle Poteau, dont la mémoire ne cessera jamais d'être en bénédiction dans cette noble cité. Mais pour prospérer, cette maison a besoin d'un aumônier courageux, zélé, prudent, instruit, pieux. M. le curé de Sainte-Catherine, M. l'abbé Wicart, actuellement évêque de Laval, l'a trouvé dans la personne de M. l'abbé Déhée. Il lui écrit à la date du 26 septembre 1837 : « Monsieur l'abbé, Monseigneur est dans nos environs... Je lui ai parlé de vous et du Bon-Pasteur : le Prélat est tout prêt à vous donner les pouvoirs d'aumônier. Il désire savoir si vous êtes toujours disposé à les accepter. »

M. l'abbé Déhée qui, toujours et partout et par-dessus tout, recherchait le travail et la fatigue avec autant et plus d'ardeur que beaucoup d'autres en apportent dans la recherche des faveurs et des distinctions, accepta volontiers les pénibles fonctions d'aumônier qu'on lui proposait. Dans ce ministère tout exceptionnel il se dépensa sans réserve au service de l'établissement, et lui vint en aide par une publication de huit pages éloquentes qui attira sur cette maison l'intérêt des personnes charitables. Il la termine par ces lignes : « Pénétrés d'une vive reconnaissance pour les bienfaits et les intentions de Mlle Poteau, nous nous plaisons aussi à partager sa généreuse confiance. En ne se pressant point d'écrire ses dernières volontés, elle a montré qu'elle comptait sur les nobles sentiments de sa famille et sur le zèle de toutes les personnes bienfaisantes, pour assurer l'avenir d'une œuvre qui intéresse au plus haut point la religion et l'humanité. » De telles prévisions ne pouvaient manquer de s'accomplir ; et ce fut pour l'auteur une bien douce consolation d'apprendre la belle conduite des pénitentes du Bon-Pasteur en 1848. Lorsque, à cette époque, les démagogues se présentèrent à la communauté pour en ouvrir les portes aux pensionnaires, qu'ils regardaient comme des victimes de l'arbitraire et de malheureuses prisonnières ; celles-ci demandèrent à parler à leurs prétendus libérateurs : *Que voulez-vous*, leur dirent-elles? *Nous venons pour vous donner la liberté,* leur fut-il répondu. *Nous n'avons pas besoin de votre liberté. Nous en avons ici autant que nous voulons. Libres, nous y sommes entrées; libres, nous en sortirons, quand cela nous plaira : laissez-nous tranquilles, et passez votre chemin.* C'est de M. l'abbé Déhée lui-même que nous tenons ce détail, qu'il racontait toujours avec une nouvelle complaisance, pour faire comprendre le bonheur que les filles repenties goûtent dans ces pieux asiles du Pon-Pasteur, et donner par conséquent une idée de l'excellence d'une pareille œuvre.

Au mois d'août 1841, pour raison de santé et avec l'agrément de Mgr Belmas, évêque de Cambrai, M. l'abbé Déhée quitta le Bon-Pasteur et reprit successivement une éducation particulière, d'abord à Paris chez M. le docteur Récamier, puis ensuite chez M. de la Moussaye pair de France, puis enfin chez

Madame de Caux, au chateau de Voyaux, au diocèse de Cambrai. Partout, dans ces diverses grandes familles, ce digne précepteur ne laissa que des souvenirs honorables pour sa personne et pour le caractère sacré dont il était revêtu.

Nous l'avons déjà dit, dans les différentes occupations dont il fut chargé, il est un intérêt que ce vénérable ecclésiastique ne perdit jamais de vue, c'était le bien des âmes, et, pardessus tout, la gloire de Dieu. Sa grande application ne tendait qu'à cette double fin. Tout en s'occupant de l'éducation des jeunes gens, soit à la ville, soit à la campagne, il prêchait, il catéchisait, il confessait, il dirigeait des communautés religieuses et des pensionnats. Puis il faisait marcher de front les plus hautes études qui avaient pour objet la défense du Christianisme. C'est ainsi qu'il travailla pendant près de dix ans à la composition d'un ouvrage qui lui donne un rang distingué parmi les écrivains de l'époque. Cet ouvrage a pour titre : *Discours sur les harmonies du christianisme.*

Voici de quelle manière l'*Univers* du 8 juin 1858 en rendit compte : qu'on nous permette d'anticiper un peu sur les dates. Cette appréciation du reste, rappellera au clergé du diocèse d'Arras une autorité pour laquelle il ne cessera de professer le plus profond respect.

« Dans l'approbation donnée au *Discours sur les harmonies,* par Mgr l'évêque d'Arras, les principales qualités de cet écrit sont appréciées avec une justesse concise, qui caractérise brièvement un livre et en donne exactement la valeur. Quelle supériorité sur la pauvre critique essoufflée du journalisme, qui court haletante après l'objection ou la louange, qui cherche du développement à un semblant d'idée qui peigne sa phrase, et met toutes sortes de cosmétiques ! » Citons quelques lignes de cette approbation : *Cet ouvrage renferme tout à la fois une démonstration solide de la vérité et de la divinité du christianisme, et une réfutation savante des systèmes absurdes, que l'esprit humain, égaré par l'ignorance ou par l'orgueil philosophique, a prétendu substituer, depuis six mille ans jusqu'aujourd'hui, à la révélation. Nous nous plaisons à reconnaître que l'auteur a traité avec un talent remarquable ce sujet qui embrasse les plus hautes questions. Par la force et la clarté de ses raisonnements, il porte la lumière dans l'esprit du lecteur et le force à reconnaître et à aimer la vérité. »*

« Après une telle appréciation du fond et de la forme de cet ouvrage par une si haute autorité, il ne nous reste qu'à en donner une analyse sommaire et à transcrire quelques fragments pour bien faire voir le caractère d'esprit de l'auteur. Ce n'est pas là un écrivain ordinaire, et on lui doit les honneurs de la citation. Il faut dire d'abord que tout ce livre repose sur deux bases : le dogme de la chute, et le dogme de la rédemption, que l'auteur appelle heureusement les deux pôles du monde moral. Avec le flambeau de la révélation et une connaissance approfondie de l'histoire et de la philosophie, M. Déhée démontre admirablement que rejeter les deux termes qu'il a pris pour fondement, c'est se jeter dans un dédale inextricable de contradictions et de non sens.

» La philosophie des principes forme la première partie. On y lit une vue générale du Christ et de son œuvre très-largement tracée, et où les idées originales ne font point défaut. La seconde partie, divisée en **deux** sections, traite, dans la première, de la préparation, du développement de la promesse; dans la seconde, de son accomplissement. Le chapitre sur les prophètes et les prophéties, sur Moïse, sont particulièrement remarquables. Nous noterons en outre comme très-digne de louanges une réfutation du panthéisme. Il y a là une puissance de dialectique qui ne laisse aucun refuge à l'erreur. L'auteur a arraché le masque, et le panthéisme ne paraît plus que ce qu'il est réellement, un véritable athéisme. M. l'abbé Déhée a cru devoir ajouter un choix de témoignages appropriés à son sujet. Des écrivains de toutes les couleurs y figurent, Voltaire, Buffon, Bayle, M. de Salvandy, Benjamin-Constant, Montaigne, Napoléon Ier. Le livre n'avait pas besoin de cette addition. On a d'ailleurs publié, à diverses époques, divers recueils de pensées extraites de toutes parts, sur la divinité de Jésus-Christ qui sont nécessairement plus complètes que celui de M. l'abbé Déhée. »

Les évènements de 1848 apportèrent quelque changement dans la situation de M. l'abbé Déhée, et le ramenèrent au pays natal, puis ensuite à Arras. Là encore son zèle ne lui permit pas de goûter les douceurs du repos, qu'il avait pourtant bien mérité. Il accepta de Monseigneur le Cardinal de la Tour d'Auvergne un ministère toujours pénible à remplir, mais qui en de certaines circonstances, exige de celui qui en est chargé, un courage qu'on ne trouve que dans les inspirations de la foi. Nous voulons parler des fonctions d'aumônier de prison. C'est en effet le 20 janvier 1849 que Son Eminence le nomma aumônier des prisons de la ville d'Arras.

Dans cette nouvelle mission comme dans toutes les autres, il remplit ses devoirs avec une exactitude digne de tout éloge ; alors, comme précédemment, on

le voit encore accepter toutes les occupations qui ne
sont pas incompatibles avec ses obligations essen-
tielles ; tant il a à cœur de faire fructifier le talent
qu'il a reçu du père de famille et de mériter la ré-
compense destinée au bon et fidèle serviteur. C'est
ainsi qu'il accepta, pendant son séjour à Arras, les
fonctions de confesseur extraordinaire des religieuses
du Bon-Pasteur, celles encore de membre de la commission d'examen pour le brevet de capacité : puis
enfin celles de secrétaire des conférences ecclésiastiques du doyenné d'Arras (sud). Tout cela rendait son
existence très-occupée et très-utile. Son concours en
toutes ces choses apportait à ses collaborateurs beaucoup de lumière et d'édification.

Mais dans les premiers jours de janvier 1856, sa
santé commença à lui inspirer de sérieuses inquiétudes, au point de renoncer au travail des conférences.
Monseigneur Parisis, qui avait apprécié à leur juste
valeur, les services qu'il avait rendus à la bonne moi-
tié du clergé de sa ville épiscopale, ne put s'empêcher
de lui exprimer tous les regrets que sa retraite lui faisait éprouver. Il ne se contenta pas de les lui témoigner de vive voix, il voulut encore que M. l'abbé Bailly,
vicaire-général, fut son interprète. Celui-ci lui écrivit
le 14 du même mois, une lettre qui mérite de trouver
place dans cette notice :

« Monsieur l'abbé.

» C'est avec regret que Monseigneur vous voit rési-
gner des fonctions, que vous avez remplies pendant
trois ans, avec un talent de rédaction et un succès
remarquable.

« Sa Grandeur ne voudrait pas cependant, en vous
retenant encore secrétaire rédacteur de votre sec-

tion, s'exposer à compromettre votre santé. Elle me charge de vous faire savoir qu'elle vient de désigner, pour vous remplacer, M. le curé de Mareuil, espérant toute fois, qu'autant que vous le pourrez, vous voudrez bien éclairer encore vos collègues de vos sages avis.

» Agréez, etc.

» Signé : BAILLY, *Vicaire-général.* »

Mgr Parisis l'appela au sein de la commission ecclésiastique chargée de la correction des conférences. Dès lors, M. l'abbé Déhée entra dans une phase pénible à notre pauvre nature, sans rien perdre de son aménité de caractère et de son énergie pour le bien. Aux défaillances de la santé vint se joindre l'une des plus tristes infirmités qui puisse affliger l'homme, et surtout le prêtre : ce fut l'affaiblissement de la vue, puisque cet accident le priva du bonheur de monter à l'autel et de réciter le saint office. Cependant grâce à la charité des prêtres de la paroisse de St-Géry, qui voulaient bien l'accompagner à l'autel, il eut encore la consolation de pouvoir profiter pendant quelque temps d'un rescrit apostolique qui l'autorisait à célébrer une messe votive. Mais voilà que d'autres désordres plus graves se déclarent dans son organisation ; des hémorragies successives lui ôtent toutes ses forces ; sa vie ne tient plus qu'à un fil : Il garde la chambre ; et alors sa plus douce consolation est de recevoir dans la sainte communion ; le Dieu qui a fait les délices de sa jeunesse. Cependant son état s'aggrave toujours davantage et lui inspire ainsi qu'à ses proches et amis, les plus grandes inquiétudes ; il reçoit les derniers sacrements avec cette foi, cette piété qui l'ont toujours distingué ; et lorsqu'il ne peut plus converser avec les hommes, on l'entend s'entretenir avec Dieu. Il lui demande pardon de ses fautes, il réclame un jugement favorable, il met en lui toute sa confiance, et c'est en répétant, à plusieurs reprises, ces belles paroles du psalmiste : *Lætatus sum in his quæ dicta sunt mihi : in domum domini ibimus*, qu'il expire ; et qu'il quitte l'exil pour la patrie.

A l'heure où nous finissons cette notice, nous recevons quelques détails sur les derniers moments de M. l'abbé Déhée, ils nous sont fournis par l'un de ses vénérés confrères, qui l'a beaucoup vu dans sa dernière maladie, et l'a assisté sur son lit de mort. Ils sont trop édifiants pour ne pas clore ce travail et lui donner du prix.

« La fin de ce digne prêtre ne fut pas moins édifiante que sa vie. Sa constitution faible et délicate, et plusieurs maladies graves qu'il avait faites, l'avaient habitué à penser qu'il n'atteindrait pas l'âge de la vieillesse. Il se trompait ; le ciel permit qu'il complétât presque sa soixante-dixième année.

» Il avait soixante-neuf ans lorsqu'il ressentit davantage les atteintes du mal, c'était un squirre à l'estomac, qui devait l'emporter. La maladie ne le surprit pas. Il s'attendait à une fin prochaine, et l'on peut assurer que depuis longtemps sa vie n'était plus guère qu'une préparation à la mort.

» Son humilité lui faisait craindre les jugements de Dieu ; aussi demandait-il toujours comme une grâce de pouvoir s'y disposer par une longue maladie. Ses vœux furent exaucés. Il se sentit mortellement atteint près d'un an avant que le Seigneur l'appelât à lui.

» M. Déhée profita de ce temps en prêtre plein de courage, de foi et de piété. On dirait difficilement avec quelle sainte et infatigable ardeur il s'efforça de l'utiliser pour sa plus entière sanctification ; quel soin il apporta au règlement de toutes ses affaires temporelles et spirituelles. Son testament est une page des plus édifiantes, par les sentiments qui y éclatent à chaque ligne. Rien n'y est oublié, et aux divers articles correspondent des exposés de motifs dignes du cœur de ce sage et saint prêtre.

» Malgré ses graves et mortelles infirmités, M. Déhée continua, pendant plusieurs mois encore, de se rendre, ou pour mieux dire, de se traîner à l'église de Saint-Géry, sa paroisse, pour y célébrer la sainte messe ; et les fidèles purent s'édifier, jusqu'à la fin, de son exactitude, de sa grande piété et du soin avec lequel il fit toujours scrupuleusement sa préparation et son action de grâce.

» Lorsqu'à cause des progrès de sa maladie, il se vit réduit à ne pouvoir plus sortir de sa chambre, et qu'il fut privé de la consolation, si précieuse pour lui, de dire la sainte messe, il s'en dédommagea autant qu'il pût, en faisant très-fréquemment la communion spirituelle, et la communion sacramentelle. Une fois la semaine, il recevait son Dieu avec des dispositions qui touchaient profondément toute l'assistance.

Dans les alternatives de sa cruelle et longue maladie, dans les crises les plus douloureuses comme dans le calme, il disait avec l'accent de la plus complète résignation : Tout comme il vous plait, mon Dieu..... *Fiat voluntas tua...* Les personnes qui l'approchaient ne le virent jamais donner le moindre signe d'impatience.

Lorsqu'il devint évident pour M. Déhée que sa fin était proche, ce n'était plus seulement, chez lui, de la résignation, c'était plutôt de la joie, je ne sais quel ineffable contentement intérieur qui se peignait dans la douce sérénité de son visage. Il murmurait souvent tout bas ces paroles du psaume : *Lœtatus sum in his quœ dicta sunt mihi : in domum Domini ibimus.*

Il conserva jusqu'au dernier instant toute sa connaissance, toute sa liberté d'esprit et il s'en servit pour recevoir de la manière la plus édifiante les sacrements de la Sainte-Église, et pour se faire dire les prières des agonisants auxquelles il se joignit d'intention et de paroles avec une force de volonté et un recueillement admirables. Plus tard il avertit lui-même que sa vue était éteinte, qu'il allait mourir, et on l'entendit jusqu'à la fin répéter : *Lœtatus sum,* etc... *In manus tuas Domine,* etc...

M. l'abbé Déhée rendit son âme à Dieu le 26 février 1867, vers quatre heures après-midi.

Sa dépouille mortelle, selon sa volonté, a été portée à Achiet-le-Petit, pour y être inhumée dans la sépulture de sa famille. Ce savant et excellent prêtre laisse une mémoire honorée non-seulement du clergé, mais de tous ceux qui ont eu le bonheur de le connaître.

15 juin 1867.

Arras, Typ. et Lith. d'Alphonse Brissy.